ARTICLES DES STATUTS, Reglemens & Ordonnances faits & accordez entre les Maiſtres Tailleurs-Graveurs de la Ville & Fauxbourgs de Paris, pour eſtre à l'avenir gardez & obſervez entr'eux, ſous le bon plaiſir de Sa Majeſté.

I.

NE ſeront reçûs & admis pour Maiſtres Tailleurs-Graveurs en Or & Argent, Cuivre, Léton, Fer, Acier, Etaim, & autres Matieres en cette Ville de Paris, que ceux qui maintenant font leſdits Statuts & Reglemens, & ceux qui de preſent ſont Apprentifs, pour remplir le nombre de vingt Maiſtres; auquel nombre ils entendent ſe reduire, ſans qu'il y en puiſſe avoir davantage, ſinon ceux qui auront fait ſix années d'Apprentiſſage, leſquels ſeront préferez à tous autres, arrivant place vacante par la mort de l'un deſdits Maiſtres, & non autrement.

II.

ITEM. Aucun deſdits Maiſtres ne pourra prendre plus d'un Apprentif & pour moins de ſix années, & ſe fera ledit Apprentif enregiſtrer au Greffe de la Cour des Monnoyes, huit jours aprés l'obligation par lui faite, & en ſera par lui retiré Acte, pour lui ſervir lors qu'il voudra entrer en ſon rang aux places qui pourront vacquer par la mort deſdits Maiſtres ; & à ce seront préferez les Enfans deſdits Maîtres, au cas qu'ils ayent eſté enregiſtrés audit Greffe, & que leurs ſix années ſoient accomplies, & non autrement.

III.

Item. Sera loiſible à tout Apprentif de ſe preſenter pour eſtre reçû Maiſtre, y ayant place vacante, ayant ſervi ſon Maiſtre d'Apprentiſſage leſdites ſix années ſans s'eſtre abſenté, auquel cas d'abſence, ſera permis à ſon Maiſtre d'en prendre un autre en ſa place un mois aprés la declaration qu'il aura faite au Greffe de la Cour des Monnoyes, de l'abſence de ſondit Apprentif, & ledit Apprentif déchu des Privileges, & de pouvoir entrer en ladite Maiſtriſe. Et donnera celui qui ſera reçû, en la Boëte pour ſubvenir aux affaires de la Communauté, & nourrir les Invalides dudit Art, la ſomme de trente livres, & ſix livres pour chacun Maiſtre Juré lors en Charge.

IV.

Item. Aucuns deſdits Maiſtres ne pourront donner à travailler en Chambre à Compagnons Etrangers ni autres, ſoit en Or, Argent, Cuivre, Léton, & autres Métaux, ſoit pour Sceaux, Cachets, Marques particulieres, Chiffres, ſoit en Creux, Relief ; Poinçon de Frize, Bordures, ni autres ornemens pour ſervir aux Orphévres, Relieurs & leurs Doreurs ſur Cuir, & Potiers d'Etaim, ni autres.

V.

Item. Ne ſera permis à aucun deſdits Maiſtres ni autres, de vendre ou débiter aucuns Cachets aux Marchands Merciers, ou à autres perſonnes pour en faire revente, ni auſdits Marchands Joüailliers, Merciers d'en faire, à peine d'amende, & de confiſcation deſdits Cachets, de quelque metal ou matiere que ce ſoit ; à l'occaſion des fauſſetez qui en peuvent arriver.

VI.

Item. Nulle perſonne, de quelque qualité qu'elle ſoit, ne pourra tenir aucun Alphabet à droit ſervant à faire Marques ou Cachets, de quelque grandeur que ce ce soit, ni tenir aucune Fleur-de-Lys couronnée, Ecussons, sinon lesdits Maistres Graveurs, & ce, pour éviter aux malversations qui en pourroient arriver.

VII.

Item, Ne sera permis à autres qu'ausdits Maistres Graveurs, de graver Sceaux, Cachets, Chiffres & Marques, & generalement tous & un chacun les Ouvrages concernant leurdit Art & Profession, cy-dessus plus particulierement specifiez & déclarez; & pour obvier à toutes sortes de malversations & d'abus, seront tenus lesdits Maistres de souffrir toutes sortes de visites estre faites par ceux qui seront par chacun an élus pour Gardes de leur Art, & de subir l'entretenement du présent Reglement, pour, contre les Contrevenans, à leur rapport, conclure à la confiscation des Ouvrages & Outils trouvez sur les Contrevenans, & en telle autre amende que requerront lesdits Gardes, & Monsieur le Procureur General du Roy en la Cour des Monnoyes, applicable les deux tiers au profit de Sa Majesté, & l'autre tiers aux Jurez, suivant les Ordonnances.

VIII.

Item, Sera procedé par la pluralité des voix desdits Maistres, de deux en deux ans, à l'Election d'un ou de deux Gardes de ladite Profession de Graveurs de Sceaux & Cachets, pardevant ledit Sieur Procureur General, ou Avocat de Sa Majesté en ladite Cour des Monnoyes, le lendemain de Saint Eloy, au mois de Decembre de chacune année, & sortira par chacun an le plus ancien Garde, à ce que l'autre y demeure deux ans consecutifs, pour instruire le nouveau élu, le tout afin de mieux faire les recherches & visitations requises pour l'observation des présens Statuts & Reglemens, & à leur rapport requerir contre les Contrevenans les Confiscations des choses susdites; & pour proceder valablement ausdites visitations, sera délivrée ausdits Gardes élus Commission par le Greffier de ladite Cour des Monnoyes.

IX.

Item, Aucuns desdits Maistres ne pourra tenir qu'une Boutique ouverte, & ne pourra étaler, ni autre personne de sa part, par les rues, Carrefours, Ponts, Colleges, Monasteres, Halles, ni autres lieux Passans ou Publics, sans aucuns excepter de cette Ville de Paris,

& Fauxbourgs, ny même vendre ou exposer en vente, Sceaux, Cachets ou Chiffres, sinon en sa Maison ou Boutique, sur peine d'estre amendable, & lesdits Ouvrages confisquez, applicables comme cy-dessus.

X.

ITEM, Joüiront les Veuves desdits Maistres Graveurs, pendant leur viduité seulement, de pareil Privilege qne leurs défunts Maris auroient joüi pendant leur vivant, & pourront achever le temps de l'Obligé de leur Apprentif, au cas qu'il y eut plus de deux ans qu'il soit chez eux, lors du décès de leursdits Maris, sinon sera loisible audit Apprentif de renoncer ; ou faire mettre ledit Obligé entre les mains desdits Gardes, pour luy estre pourvû d'un autre Maistre de la Profession de Graveur.

X I.

ITEM, Que les Enfans desdits Maistres Graveurs ne seront tenus d'aucun Apprentissage. Comme aussi ne pourra le Maistre Graveur qui aura un Fils en âge d'apprendre, prendre de nouveau un Apprentif, s'il ne déclare qu'il ne veut que son Fils soit de sa Profession ; & lors pourra prendre ledit Apprentif, & ne pourra ledit Fils, après la déclaration de sondit Pere, rien prétendre à la Maistrise de Graveur : ainsi seront préferez les Enfans des Maistres Graveurs aux Apprentifs, venant à vacquer par la mort la place d'un Maistre, & ayant fait les six années depuis la déclaration qu'aura fait sondit Pere, au Greffe de ladite Cour des Monnoyes, qu'il prend sondit Fils pour Apprentif, sans qu'icelui Fils de Maistre soit tenu après ledit Apprentissage, servir les Maistres les deux années, si bon ne lui semble, ni d'aucun Chef-d'œuvre ; mais bien les droits & devoirs, tant à la Boëte qu'aux Gardes cy-dessus specifiez.

X I I.

ITEM, Pour le regard des Filles desdits Maistres Graveurs venant à se marier avec un qui aura esté Apprentif de ladite Vacation, soit Fils de Maistre ou autre, sera exempt de la servitude de deux années, & sera préferé à tous pour sa réception de Maistre, pourvu qu'il paye les droits de la Boëte & ceux des Gardes, s'il y a place vacante, sinon attendra, & lui sera baillé la premiere, ayant Fiancé la Fille dudit Maistre.

XIII.

ITEM, Pourront lesdits Maiſtres Tailleurs-Graveurs, fondre & apprêter la Matiere pour faire Sceaux, Cachets, ſoit en Or & Argent, Cuivre, Léton, Fer & Acier, même faire leur Modelle en Cire, Bois, Plomb, ainſi qu'ils verront bon eſtre, ſans qu'ils puiſſent eſtre empêchez par qui que ce ſoit, neanmoins le tout ſujet à la viſite des Maiſtres Jurez, comme deſſus, pour voir s'il y a en ce abus ou malverſation.

XIV.

ITEM, Sera permis auſdits Maiſtres Tailleurs-Graveurs, graver, inciſer toutes ſortes d'Ouvrages ſur les Tombes où ſe poſent Epitaphes de Cuivre, Léton ou Métal ſeulement.

XV.

ITEM, Les Jurez élus que l'on nommera Gardes dudit Art, ſeront tenus faire leurs viſites de deux en deux mois, ou plus, pour y remarquer ſi ès Boutiques ou Chambres deſdits Maiſtres, il ne ſe fait rien contre les Ordonnances du Roy, & les ſuſdits Reglemens, & s'il n'y a perſonne qui s'entremette dudit Art ſans en eſtre Maiſtre, & avoir fait le ſerment en ladite Cour des Monnoyes, pour, s'ils en trouvoient, faire leur rapport en ladite Cour, & requerir à icelle la confiſcation des Outils & Ouvrages contre les Contrevenans, & l'Amende, comme dit eſt cy-deſſus: Et s'il y arrivoit que la conteſtation fut longue en Juſtice, ſeront tenus leſdits Gardes prendre avis des ſix plus anciens Maiſtres, pour ſçavoir s'ils pourſuivront ladite Inſtance ou non: Et pour cet effet ſeront tenus les Maiſtres de la Profeſſion, bailler par chacun d'eux Cinq Sols Tournois, que leſdits Gardes appliqueront à leur profit pour ſubvenir aux frais.

XVI.

ITEM, Ne ſera loiſible à aucun deſdits Maiſtres Graveurs, le cas avenant de quelque fauſſeté prétenduë, rupture de Scellé, ou prétention d'icelle, de s'entremettre d'en juger en cas qu'ils y fuſſent appellez, ains en avertir les Maiſtres-Jurez durant le temps de leur Jurande, & en pourront ſeuls faire leur rapport, ſi les Parties ne conviennent d'autres Maiſtres avec eux, & ne ſeront admis en Juſtice les rapports faits par autres Maistres ; Et seront les Contrevenans condamnez en neuf livres d'amende envers lesdits Jurez.

XVII.

Item, Ne sera loisible à aucune Personne, de quelque qualité qu'elle soit, mettre au-devant de sa Boutique aucun étalage de Graveur, ny même Tableaux où il y ait empreint des Sceaux & Cachets des Armes de France, Princes ou Princesses, ni autres particulieres Armes, sinon aux Maistres Graveurs.

XVIII.

Item, Tous & un chacun les Maistres qui contreviendront aux présens Statuts, Reglemens & Ordonnances, seront amendables pour la premiere fois de trois livres Parisis, & pour la seconde du quadruple, & pour la troisiéme, de fermer Boutique, comme faussaires, & lesdites Amendes applicables aux Affaires de la Communauté, & pour subvenir aux pauvres Vieillards & Necessiteux.

LOUIS par la grace de Dieu, Roy de France & de Navarre: A tous présens & à venir, Salut. Nos bien-amez les Tailleurs-Graveurs en Or & Argent, Cuivre, Léton, Fer, Acier, Etaim, & autres Métaux, de cette Ville de Paris, Nous ont fait remontrer que dès l'institution de la Maistrise & Jurande de leur Art & Métier, il leur a esté prescrit certains Statuts & Ordonnances qu'ils se sont soumis & obligez de garder & observer ; lesquels de temps en temps, & de Regne en Regne, ont esté confirmez & autorisez par les Rois nos Prédecesseurs, & particulierement par le feu Roy nostre très-honoré Seigneur & Pere de glorieuse mémoire, par ses Lettres Patentes données à Fontainebleau au mois de May 1631, qui depuis ont esté verifiées & enregistrées en nostre Cour des Monnoyes le 12 Aoust 1632, depuis lequel temps lesdites Ordonnances & Statuts n'ayant point esté renouvellez, ni de nouveau par Nous confirmez & autorisez, aucuns Maistres & autres Compagnons travaillans dudit Art & Métier, recherchent des moyens extraordinaires pour s'exempter de l'obligation qu'ils ont d'observer lesdits Statuts & Ordonnances ; Et quelques autres Particuliers Maistres Orfevres, & autres de Proféssions approchantes, entreprennent tous les jours sur le travail qui appartient à leur Art & Métier, pour raison de quoi le plus ſouvent il ſe meut des differents, pour la reſolution deſquels ils n'ont point de Titre plus puiſſant & authentique, plus clair & déciſif que leſdits Statuts ; leſquels ils ſont obligez de produire & s'en prevaloir : mais comme leſdites Ordonnances & Statuts depuis notre avenement à la Couronne n'ont point eſté par Nous approuvez ni confirmez, les Expoſans apprehendent que nos Cours & autres Juriſdictions èſquels ils ſeront produits & alleguez, n'y déferent pas ſi préciſément, comme ſi de nouveau Nous les avions approuvez, confirmez & autoriſez ; & pour ce Nous ont requis leſdits Expoſans leur vouloir ſur ce pourvoir, & à cette fin leur accorder nos Lettres Patentes neceſſaires. A CES CAUSES, Sçavoir faiſons, que de l'avis de notre Conſeil, auquel Nous avons fait voir leſdits Statuts & Reglemens cy-devant approuvez par notre Cour des Monnoyes, les Lettres Patentes du Roy notre trés-honoré Seigneur & Pere, regiſtrées en notredite Cour le 12 Aouſt 1632, ayant leſdites Lettres Patentes portant confirmation d'iceux, attachées ſous le contre-ſcel de notre Chancellerie : Nous avons de notre grace ſpeciale, pleine puiſſance & autorité Royale, confirmé, approuvé & ratifié ; & par ces Preſentes confirmons, approuvons & ratifions leſdits Statuts & Ordonnances dudit Art & Métier. Voulons & Nous plaît que d'oreſnavant ils ſoient obſervez, entretenus & executez de point en point, ſuivant leur forme & teneur, & ſans qu'il ſoit contrevenu en aucune ſorte & maniere que ce ſoit, ſur les peines portées par nos Ordonnances, & leſdits Statuts, Arreſts & Reglemens ſur ce intervenus : N'entendons neanmoins dans les Preſentes, y comprendre les Graveurs en Taille douce ſur Planches, ni que les Impetrans puiſſent pretendre les obliger à l'obſervation deſdits Statuts, ne deſirant pas qu'il y ait aucune Maitriſe audit Art de Taille douce, ſoit au Burin, Eau forte, ni en telle autre maniere que ce ſoit, ſervant à l'impreſſion deſdites Tailles douces, conformément à l'Arreſt de noſtre Conſeil du 26 May dernier. SI DONNONS EN MANDEMENT à nos amez & feaux Conſeillers, les Gens tenans notre Cour de Parlement à Paris, Cour des Monnoyes audit lieu, & autres nos Officiers qu'il appartiendra, que ces Preſentes ils faſſent regiſtrer, & le contenu auſdits Reglemens, Statuts & Ordonnances garder & obſerver par tous les Maiſtres & autres Ouvriers dudit Art & Metier, & leurs Succeſſeurs en icelui, pleinement, paiſiblement, & particulierement, ſans ſouffrir ni permettre qu'il y ſoit contrevenu, nonobſtant oppoſition ou appellations quelconques, leſquelles & ſans prejudice d'icelles ne voulons qu'il ſoit differés CAR TEL EST NOSTRE PLAISIR. Et afin que ce soit chose ferme & stable pour toujours, Nous avons fait mettre notre Scel à ces Presentes, sauf en autre chose notre droit & d'autruy. DONNÉ à Paris au mois de Juin, l'an de Grace mil six cent soixante; & de notre Regne le dix-huitiéme. Signé, Par le Roy, LIGNERON. *Et à côté*, Visa SEGUYER, pour servir aux Lettres de Confirmation des Statuts des Graveurs en Or & Argent, & autres Matieres, de la Ville de Paris, & scellées. *Et à côté*, Registrées. Ouy le Procureur General du Roy, pour estre executées selon leur forme & teneur, aux charges portées par l'Arrest de ce jour. A PARIS en Parlement, le quinziéme May mil six cent soixante-deux. Signé, DU TILLET. *Et au bas desdites Lettres est écrit*, Registrées au Greffe des Expeditions de la Grande Chancellerie de France, par moy Conseiller Secretaire du Roy, & Greffier desdites Expeditions. A PARIS le vingt-un Juin mil six cent soixante. Ainsi signé, DU CHEVREUL avec Paraphe.

De l'Imprimerie de C. L. THIBOUST, Place de Cambray,

www.ingramcontent.com/pod-product-compliance
Ingram Content Group UK Ltd.
Pitfield, Milton Keynes, MK11 3LW, UK
UKHW032025260826
14628UKWH00006B/2723

9 782013 362580